깜깜한 여름밤,
숲속에서 반딧불이가
반짝반짝 아름다운 빛을 내요.
보고 싶어 살금살금
다가가면 파드득
날갯짓을 하며 날아가요.

반딧불이는 왜
빛을 낼까요?

빛을 내는 반딧불이 반딧불이가 풀잎에 앉아 빛을 내고 있어요.

반짝반짝 빛을 내는
반딧불이

감수 최재천 | 글 꿈꾸는 초록이·이정순

여원키즈탄탄

🪲 여기서 반짝! 저기서 반짝!

깜깜한 풀숲 시냇가
여기서 반짝, 저기서 반짝
반딧불이가 꽁무니에서 반짝반짝 빛을
내고 있어요.

빛을 내는 반딧불이 반딧불이가 풀숲에서 빛을 내며 날아다녀요.

"난 평생 빛을 내서 풀숲을 밝혀 주는 풀숲의 등대야."
반딧불이는 알, 애벌레, 번데기, 어른벌레 모두 빛을 내요.
반짝반짝! 풀숲 어딘가에서 어둠을 밝혀 주는 반딧불이
정말 아름답지요?

반딧불이의 알 반딧불이의 알이 빛나고 있어요.

반딧불이 애벌레 반딧불이 애벌레도 반짝반짝 빛을 내요.

반딧불 나무 수많은 반딧불이가 모여 앉은 나무는 마치 크리스마스트리처럼 보여요. 이런 반딧불 나무는 우리나라에서는 볼 수 없고, 말레이시아와 같은 동남아시아 지방에서 볼 수 있어요.

상식 톡톡

반딧불이의 종류에 따라 반딧불의 모양이 달라지나요? | 반딧불이가 내는 빛을 반딧불이라고 해요. 반딧불이의 종류에 따라 반딧불의 세기와 길이가 달라요. 예를 들어 운문산반딧불이는 짧고 강하게 번쩍하고 빛을 내지만 애반딧불이는 운문산반딧불이보다는 더 길고 약하게 반짝하고 빛을 내지요.

맛있는 먹이를 냠냠!

반딧불이 어른벌레와 애벌레는 먹이가 달라요.
사는 기간이 10~15일 정도밖에 되지 않는
반딧불이 어른벌레는 먹이를 거의 먹지 않거나 이슬을 먹어요.

이슬을 먹는 일본반딧불이 일본반딧불이가 이슬을 먹고 있어요. 반딧불이 어른벌레는 애벌레 때 몸에 쌓아 둔 영양분으로 살아가지요.

밤에 빛을 내는 반딧불이 반딧불이는 밤하늘을 날아다니며 불빛으로 숲속의 밤을 수놓아요.

상식 톡톡

반딧불은 뜨거울까요? 반딧불이를 잡아 빛이 나는 꽁무니를 손으로 잡아 보아도 뜨거움을 느낄 수 없어요. 반딧불은 빛을 낼 뿐 열을 내지 않기 때문이에요.

어른 반딧불이와 다르게 반딧불이 애벌레는 달팽이 사냥꾼이에요.
"냠냠 쩝쩝. 달팽이 속살이 정말 맛있군."
반딧불이 애벌레는 달팽이 외에도 다슬기, 지렁이 등을 아주 좋아해요.

달팽이를 먹으려고 하는 북방반딧불이 애벌레 북방반딧불이 애벌레가 달팽이를 먹으려고 해요.
반딧불이 애벌레는 달팽이 살을 소화액으로 녹여서 즙 형태로 만들어 먹어요.

반딧불이 애벌레가 먹이를 잡는 장소는 어디일까요? | 반딧불이 애벌레는 주로 자기가 사는 곳에서 먹이를 잡아요. 논과 같이 고인 물에서 사는 애반딧불이는 물달팽이를 잡아먹고, 흐르는 시냇물에 사는 일본반딧불이는 다슬기를 즐겨 먹지요.

다슬기를 잡아먹는 일본반딧불이 애벌레 일본반딧불이 애벌레가 물속에서 다슬기를 잡아먹고 있어요.

반짝반짝, 내 사랑을 받아 주세요

여기서 '반짝', 저기서 '반짝' 반딧불이가 빛을 내고 있어요.
반딧불이가 빛을 내는 가장 큰 이유는 짝을 찾기 위해서예요.
"어서 와, 난 네가 마음에 들어."
마음에 든 짝을 만난 반딧불이는 짝짓기를 하지요.

▶ 빛을 내는 늦반딧불이 늦반딧불이가 꽁무니에서 빛을 내어 짝을 찾아요.

엄마랑 퀴즈랑

반딧불이는 어떻게 짝을 찾나요?

(정답은 45쪽에 있습니다.)

짝짓기를 하는 일본반딧불이 일본반딧불이 수컷과 암컷이 꽁무니를 대고 짝짓기를 해요.

반짝반짝, 알을 낳아요

"드디어 알을 낳을 곳을 찾았네. 여기에 알을 낳아야지!"
짝짓기가 끝난 뒤 알을 낳을 때가 되면 암컷 반딧불이는 축축하고
그늘진 곳이나 물가의 풀숲에 알을 낳아요.

알을 낳는 파불라반딧불이 파불라반딧불이 암컷이 알을 낳고 있어요.

이끼 낀 바위에 모인 반딧불이 반딧불이들이 알을 낳으려고 이끼가 낀 축축한 바위에 모였어요.

나무줄기에 모인 반딧불이 물가에 있는 나무줄기도 반딧불이가 즐겨 알을 낳는 곳이에요.

멋진 반딧불이가 될 거야!

"빠지직빠지직!" 반딧불이 애벌레가 알을 깨고 나와요.
반딧불이 애벌레는 먹이를 잡아먹으며 자라지요.
"아, 몸이 커지니까 답답해. 허물을 벗어야겠어."
애벌레는 몸이 커지면 허물을 벗고 쑥쑥 자라지요.

01 일본반딧불이의 알이에요. 둥근 모양의 알은 처음에는 노란색이지만 점점 검어져요.

02 일본반딧불이 애벌레가 알을 깨고 나와요. 애벌레는 물속에서 생활해요.

03 애벌레가 점점 자라요.

04 애벌레는 몸이 커지면 허물을 벗어요.

05 허물을 다 벗은 애벌레예요. 애벌레는 5번 정도 허물을 벗으면서 자라요. 그러다가 겨울이 되면 겨울잠을 자지요.

06 이듬해 봄, 겨울잠에서 깬 애벌레가 땅 위로 올라와요.

07 땅 위로 올라온 애벌레가 땅속으로 들어가요. 애벌레는 땅속에서 번데기 집을 지어요.

08 땅속 번데기 집에 있는 애벌레예요.

휘이잉 찬 바람이 부는 겨울이 되면 애벌레는 겨울잠을 자요.
어느덧 시간이 흘러 봄이 되어요.
겨울잠에서 깨어난 반딧불이 애벌레는 땅으로 올라와요.
애벌레는 땅속에 번데기 집을 지은 뒤, 그 안에 들어가 허물을 벗고 번데기가 되어요.
번데기는 허물을 벗고 어른이 되지요. 그런 다음 땅 위로 올라온답니다.

09 번데기 집에서 40여 일을 보낸 애벌레가 허물을 벗기 시작해요.

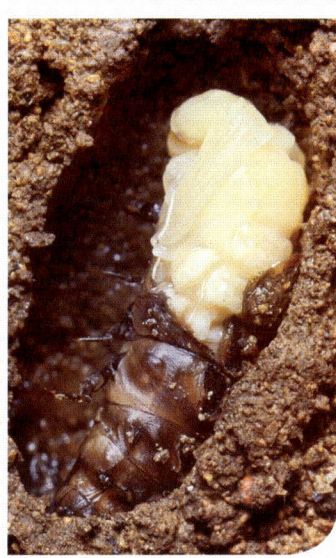
10 허물을 반쯤 벗었어요.

11 허물을 벗고 번데기가 되었어요.

12 번데기가 된 지 10일 정도가 지나면 허물을 벗어요.

13 허물을 벗고 날개를 말리면 딱지날개가 검은색을 띠어요.

14 어른이 된 반딧불이가 번데기 집을 빠져나와 땅 위로 올라와요.

15 땅 위로 올라온 반딧불이는 짝을 찾아 떠나요.

반딧불이의 산책

난 이렇게 생겼어요

"난 배 끝의 꽁무니에서 반짝반짝 빛을 내. 얼마나 아름다운지 몰라.
또 큰 날개가 있어 깜깜한 밤하늘을 휘이익 잘 날아다녀."
반짝반짝 빛을 내는 풀숲의 등대 반딧불이가 어떻게 생겼는지 알아볼까요?

겹눈 2개가 있으며 움직임과 방향을 알아차려요.
수컷이 암컷보다 겹눈이 더 커요.

날개 딱지날개는 딱딱하며, 배를 보호해요.
밤하늘을 날아다닐 때에는 딱지날개에
가려졌던 속날개가 보여요.

딱지날개

속날개

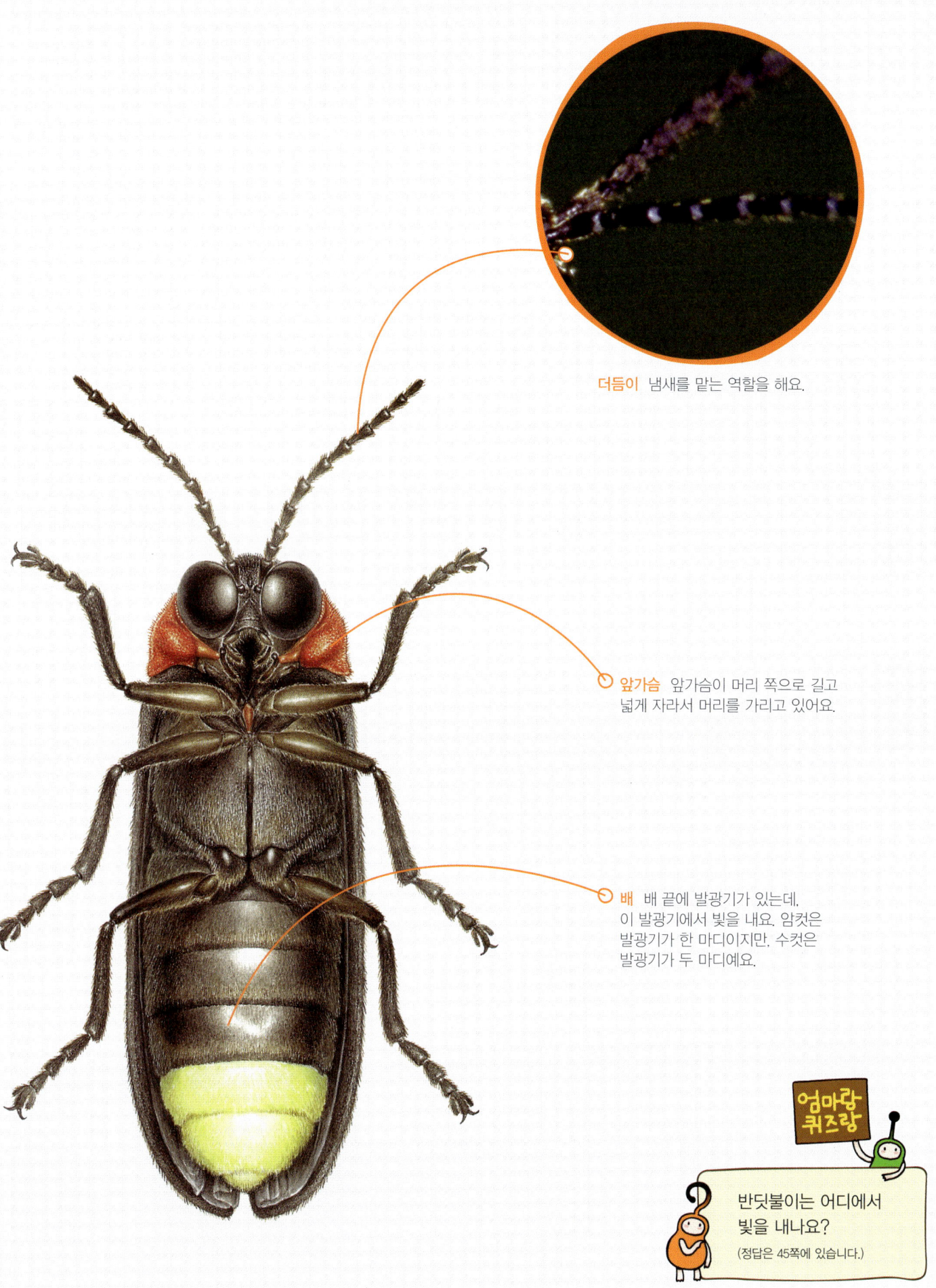

더듬이 냄새를 맡는 역할을 해요.

앞가슴 앞가슴이 머리 쪽으로 길고 넓게 자라서 머리를 가리고 있어요.

배 배 끝에 발광기가 있는데, 이 발광기에서 빛을 내요. 암컷은 발광기가 한 마디이지만, 수컷은 발광기가 두 마디예요.

엄마랑 퀴즈랑

반딧불이는 어디에서 빛을 내나요?
(정답은 45쪽에 있습니다.)

우리는 모두 반딧불이 친구예요

"난 늦반딧불이야. 넌 이름이 뭐야?"
"난 운문산에서 발견된 운문산반딧불이야."
반딧불이 친구들이 서로 반갑게 인사를 해요.
깜깜한 밤을 아름답게 밝혀 주는 반딧불이 친구들에는
어떤 것들이 있는지 알아볼까요?

늦반딧불이 우리나라에 사는 반딧불이 중에서 가장 많은 종류예요.

애반딧불이 반딧불이 종류 중에서 비교적 작은 편이며, 알에서 깬 애벌레는 논, 습지 등에서 살아요.

운문산반딧불이 경상도의 운문산에서 발견되어 운문산반딧불이라고 이름이 붙여졌어요.

경상도의 운문산에서 발견된 반딧불이의 이름을 말해 보세요.
(정답은 45쪽에 있습니다.)

꽃반딧불이 숲이나 산길에 나 있는 풀에서 볼 수 있으며 느리게 날아다녀요.

파파리반딧불이 6~7월경에 어른벌레를 볼 수 있으며, 겹눈이 커요.

북방반딧불이 우리나라에서 사는 반딧불이에요.

북두칠성반딧불이 북아메리카 대륙에서 살아요.

반딧불이랑 놀자!

반딧불이

딱정벌레목 반딧불잇과의 곤충으로 개똥벌레라고도 하며, 세계 여러 나라에 살아요. 수명은 10~15일 정도예요. 반딧불이는 알을 낳고 11~13일 뒤에 자연적으로 죽지요. 우리나라에서는 환경이 오염돼 거의 사라졌어요. 전라북도 무주군 설천면 남대천 일대가 반딧불이의 서식지로, 이곳은 천연기념물로 지정되어 있어요.

반딧불로 정말 책을 읽을 수 있을까요?

밤하늘을 밝게 비춰 주는 반딧불이가 있으면 깜깜한 숲속이라도 밝아져요. 이런 반딧불이를 이용해서 책을 읽었다는 옛이야기가 전해 오는데, 정말 반딧불로 책을 읽을 수 있을까요?

옛날 중국의 동진에 차윤이라는 사람과 손강이라는 사람이 살았어요. 차윤은 어려서부터 책을 많이 읽었는데, 집안이 가난하여 등불을 켤 기름조차 살 수가 없었어요. 그래서 여름이 되면 반딧불이를 잡아다가 주머니에 넣고 그 불빛으로 공부를 해서 과거에 급제했지요. 그때부터 책을 읽는 방의 창문을 형창(螢 개똥벌레 형, 窓 창문 창)이라고 불렀어요. 손강 역시 집안이 가난하여 겨울이 되면 눈에 반사되는 빛으로 공부를 해 높은 벼슬에 오르게 되었지요. 그때부터 공부하는 책상을 설안(雪 눈 설, 案 책상 안)이라고 부르게 되었어요.

이 두 사람의 이야기로부터 '형설지공'이라는 말이 생겨났어요. 즉 '형설지공'은 반딧불, 눈과 함께 하는 노력이라는 뜻으로 고생을 하면서도 꾸준하게 공부하는 자세를 이르는 말이지요.

이 이야기처럼 책을 읽을 만큼 반딧불의 밝기가 밝을까요? 실제로 반딧불이를 이용해서 책을 읽을 수 있어요. 물론 한두 마리가 아니라 아주 많은 수의 반딧불이가 모여서 빛을 내야 하지만 말이에요. 그러나 반딧불이의 빛은 깜빡깜빡하기 때문에 우리가 사용하는 전깃불을 생각해서는 곤란해요. 전깃불은 일부러 끄지 않는 한 계속 불이 들어오지만 반딧불이는 그렇지 않거든요.

➜ 병 속에 모인 반딧불이가 반짝반짝 빛을 내요.

➜ 반딧불이를 사전에 올려놓았어요. 꽁무니에서 빛이 나면, 그 주변에 있는 글씨를 읽을 수 있어요.

빛을 내는 반딧불이를 만들어요

깜깜한 밤하늘을 밝혀 주는 반딧불이는 우리에게 많은 신비로움을 줘요.
여러 가지 재료로 풀숲의 등대 반딧불이를 만들어 반짝반짝 빛을 내보아요.
자, 이제부터 반딧불이를 만들어 볼까요?

이런 것이 필요해요

검은색 도화지 / 색종이 / 가위 / 풀 / 셀로판 테이프 / 눈

집게가 달린 전선 / 스위치 / 전구 / 전지 / 전지 끼우개

반딧불이를 만들어 보아요

1 검은색 도화지로 반딧불이의 몸통을 만들어 반으로 접었다 펴요.

2 다리, 눈 머리, 더듬이를 만들어요.

3 몸통에 머리, 더듬이, 눈, 다리를 붙여 반딧불이를 완성해요.

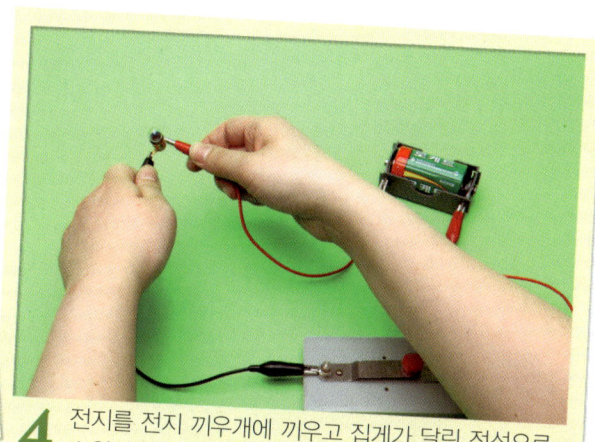

4 전지를 전지 끼우개에 끼우고 집게가 달린 전선으로 스위치와 전구를 연결해요.

5 전구를 반딧불이의 꽁무니에 끼워요.

반딧불이는 꽁무니에서 빛을 내요.

6 스위치를 눌렀다 뗐다 하면서 불이 반짝반짝하게 해 보아요.

☆ 주의할 점을 알아보아요

- 가위는 날카로워 다칠 위험이 있으니 사용할 때에 장난을 하지 말아야 해요.
- 전구, 전지, 전선, 스위치가 잘 연결되어야 전구에 불이 들어와요.
- 방 안의 불을 끄면 불빛이 더 잘 보여요.

바람이 불면 반딧불이의 불이 꺼질까요?

'훅' 하고 촛불 앞에서 입김을 불면 촛불이 꺼져요. 그러나 반딧불이의 꽁무니에서 나오는 반딧불은 촛불처럼 산소를 태워서 내는 빛이 아니기 때문에 꺼지지 않아요. 그럼 반딧불이는 왜 빛을 낼까요?
반딧불이는 짝을 찾기 위해서 빛을 내는데, 반딧불의 모양은 반딧불이의 종류에 따라 달라요. 그 까닭은 여러 종류의 반딧불이가 같은 빛을 내면 같은 종인 자기 짝을 찾기가 어렵기 때문이지요.

옛날 사람들은 반딧불을 왜 도깨비불이라고 했을까요?

묘지 주변에는 불빛 같은 것이 떠돌아다니는데 이것을 인광이라고 해요. 옛날 사람들은 인광을 매우 무서워했지요. 그런데 반딧불이도 밤하늘에서 인광처럼 푸르스름한 빛을 내면서 떠돌아다니니까 사람들이 두려워하여 도깨비불이라고 한 것이지요.

사냥을 하기 위해 빛을 내는 반딧불이가 있다는데, 사실인가요?

반딧불이가 빛을 내는 이유는 대개 짝짓기를 하기 위해서예요. 그러나 미국의 포투리스반딧불이 암컷은 빛을 이용해서 사냥을 해요.
이 반딧불이는 다른 종 반딧불이 암컷의 불빛 신호를 흉내 내요. 그리고 불빛을 보고 찾아오는 그 종의 수컷을 잡아먹지요.
반딧불로 사냥을 하다니 정말 신기하지요?

반딧불이는 불빛으로만 짝을 찾을까요?

페로몬으로 짝을 찾는 반딧불이도 있어요. 왕꽃반딧불이는 낮에 활동하기 때문에 불빛을 낼 수가 없어요. 그래서 페로몬이라는 독특한 물질을 내어 짝을 찾아요. 암컷 반딧불이가 페로몬을 내면 수컷 반딧불이가 더듬이로 냄새를 맡고 암컷을 찾아오지요.

반딧불이처럼 갖춘탈바꿈을 하는 곤충에는 무엇이 있을까요?

반딧불이는 알, 애벌레, 번데기, 성충의 과정을 거쳐요. 애벌레에서 번데기 과정을 거쳐 성충이 되면 갖춘탈바꿈, 번데기 과정을 거치지 않으면 안갖춘탈바꿈이라고 해요. 갖춘탈바꿈을 하는 곤충에는 벌, 무당벌레, 사슴벌레 등이 있어요. 그리고 안갖춘탈바꿈을 하는 곤충에는 사마귀, 메뚜기, 잠자리 등이 있지요.

반딧불이가 사라져 가는 이유는 무엇일까요?

오늘날에는 어둠을 밝혀 주는 반딧불이가 사라져 가요. 그 이유는 무엇일까요? 반딧불이는 깜깜한 밤에 빛을 내서 짝을 찾아요. 그런데 도시가 발달함에 따라 밤에도 전깃불이 환해 불빛을 내어 짝을 찾기가 힘들어졌지요. 또 반딧불이는 깨끗한 물이 있는 곳에서만 사는데, 환경이 오염되면서 반딧불이 서식지가 사라져 갔어요. 이제부터라도 자연을 보호하여 반딧불이가 살 수 있는 환경을 만들어야 해요.

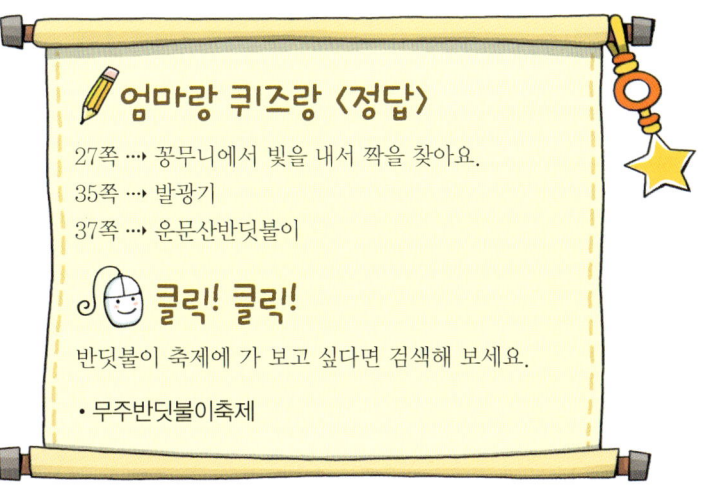

엄마랑 퀴즈랑 〈정답〉

27쪽 ⋯ 꽁무니에서 빛을 내서 짝을 찾아요.
35쪽 ⋯ 발광기
37쪽 ⋯ 운문산반딧불이

클릭! 클릭!

반딧불이 축제에 가 보고 싶다면 검색해 보세요.

• 무주반딧불이축제